WELTGESCHICHTE FÜR JUNGE LESER
In dieser Reihe sind bisher erschienen:

.... Die Ritter
.... Die großen Entdeckungsreisen
.... Das Leben der Kinder im alten Ägypten
.... Das Leben der Kinder im alten Rom
.... Das Leben der Kinder im alten Griechenland
.... Das Leben der Kinder bei den Azteken
.... Das Leben der Kinder bei den Indianern
.... Das Leben der Kinder in der Steinzeit
.... Das Leben der Kinder im Mittelalter
.... Die Französische Revolution
.... Die ersten Siedler in Nordamerika
.... Das Leben der Kinder in Pompeji
.... Jesus von Nazareth
.... Troja
.... Das Leben der Schüler im Mittelalter
.... Ramses II. Das Leben des großen Pharao
.... Die Sklaven in Nordamerika

Weltgeschichte für junge Leser

Ramses II.
Das Leben des großen Pharao

Viviane Koenig

Aus dem Französischen von Stephanie Singh

KNESEBECK

Inhaltsverzeichnis

.... Einführung 8

..... Eine Kriegerfamilie 10

.... Die Geburt eines Pharaos 13

..... Die königliche Familie 16

.... Das Begräbnis des Pharaos 21

	Die praktische Ausbildung des Prinzen	24
	Die Kriegskunst	27
	Der Schulunterricht	28
	Ein böses Omen	31
	Ramses auf Reisen	32
	Zeitvertreib	35
	Ramses, der Kriegerprinz	36
	Im Krieg	39
	Ramses, der Prinzregent	40
	Eine ägyptische Großfamilie	45

Einführung

Mehr als 300 Pharaonen herrschten über Ägypten, der berühmteste ist Ramses II., der das Land 66 Jahre lang regierte. Warum ist er heute, 3000 Jahre nach seinem Tod, immer noch so bekannt? Ramses baute nicht die Pyramiden und gewann auch keine großen Schlachten, sondern handelte lieber Friedensverträge mit seinen Feinden aus.

Dennoch prägte Pharao Ramses II. eine ganze Epoche. Von 1279 bis 1213 vor Christus führte er die Geschicke des Neuen Reiches. Für Ägypten war es eine Zeit des Friedens und des Wohlstands. Seiner Nachwelt hinterließ

▲ Hier ist der erwachsene Pharao Ramses II. zu sehen.

◀ Ein junger Prinz jagt Wildenten. Er ist nackt, wie es für die Bewohner der Sumpfgebiete üblich war.

Ramses großartige Bauwerke. Am berühmtesten sind sein Totentempel, das Ramesseum, und die beiden gewaltigen Felsentempel von Abu Simbel. Der größere der beiden wird von vier Ramses-Statuen bewacht, die 22 Meter hoch in den Himmel ragen.

Von dem großen König selbst ist uns eine Mumie geblieben, die heute im Ägyptischen Museum in Kairo ruht. Man kann sich nur schwer vorstellen, dass diese eingefallene Gestalt einmal der mächtige Pharao Ramses war.

Ramses achtete die Göttinnen und Götter und setzte sich für das Königreich Ägypten ein. Sein Zuhause war das fruchtbare Niltal zwischen Bergland und Wüste. Wie der Pharao seine Jugend verbrachte und was er als Kind erlebte, wissen wir nicht. Aber anhand von Texten und Gegenständen aus dem alten Ägypten können wir dem jungen Ramses dennoch auf die Spur kommen. Wenn wir alles zusammentragen, was wir über die Kindheit ägyptischer Prinzen wissen, entsteht ein recht gutes Bild von Ramses' Jugend.

Dieses Buch begleitet Ramses II. von der Geburt durch seine Kindheit – bis zur Krönung zum König der Ägypter.

▶ Der junge Prinz mit den großen schwarzen Augen ist aus einem Holzstück geschnitzt.

Eine Krieger-familie

Im Jahr 1327 vor Christus, fast 30 Jahre vor Ramses' Geburt, stand es nicht gut um Ägypten. König Tutanchamun war mit nur 18 Jahren kinderlos gestorben. Im Königspalast war man ratlos: Wer sollte ihm auf den Thron folgen?

Einige Tage oder Wochen später übernahm der Wesir Aya die Regierung. Der Wesir war der oberste Beamte am Königshof, also ein sehr mächtiger Mann. Deshalb war es nicht ungewöhnlich, dass er König wurde.

Tuja kurz nach der Geburt. Ihr Sohn lutscht schon am Daumen.

Doch nur vier Jahre später starb auch Aya, der ebenfalls keinen Erben hatte. Sein Nachfolger wurde General Horemheb. Horemheb herrschte ungefähr 30 Jahre lang über Ägypten. Es war eine Zeit des Wohlstands und des Friedens. Doch der Pharao machte sich Sorgen um seine Nachfolge, weil er keinen Sohn hatte.

Ein ägyptischer Pharao übernahm für das Land wichtige Aufgaben: Er betete täglich zu den Göttern, kümmerte sich um die öffentliche Ordnung, bekämpfte Feinde, half, wenn das Land vom Nil überflutet wurde, und beaufsichtigte den Ackerbau. Weil ein guter König für Ägypten so wichtig war, machte sich Horemheb rechtzeitig auf die Suche nach einem geeigneten Nachfolger. Da fiel ihm der junge General Ramses auf. Horemheb machte ihn zu seinem Wesir und verlieh ihm den Titel »Erbprinz des ganzen Landes«. Er mochte auch Ramses' Sohn Sethos, einen hervorragenden Krieger, der bereits zwei kleine Kinder hatte: einen Sohn, der leider bald starb, und eine gesunde Tochter. Horemheb erkannte, dass diese Familie ein neues Herrschergeschlecht, also eine Dynastie, begründen konnte. Und so geschah es später: Mit Ramses I. begann die 19. Dynastie.

Sethos bewohnte mit seiner Familie ein großes Haus. Im Erdgeschoss befanden sich Küche und Vorratskammer, im ersten Stock lagen die Zimmer, und ganz oben auf dem Dach war eine Terrasse. Hier konnte man die kühlen Sommernächte genießen.

Sethos' Frau Tuja war mit ihrem dritten Kind schwanger und wartete schon ungeduldig auf die Geburt. Um sich abzulenken, ging sie im Garten spazieren und betrachtete die Lotosblüten im Gartenteich. Die Lotosblume war für die Ägypter besonders wichtig, sie galt als Zeichen der Reinheit, Fruchtbarkeit und Wiederauferstehung nach dem Tod.

Eine Mauer schützte Tuja vor den Blicken anderer Menschen. Plötzlich bekam sie heftige Wehen. Die Geburt ihres Kindes stand unmittelbar bevor. Tuja eilte ins Haus und rief ihre Dienerinnen zu Hilfe.

Lotosblüten

Die Geburt war nicht leicht, Tuja hatte furchtbare Schmerzen. Doch mitten in der Nacht kam das Kind zur Welt, kräftig und eine Elle groß, also ungefähr 52 Zentimeter. Es war der ersehnte Sohn! Die Dienerinnen schnitten die Nabelschnur durch, wuschen den Kleinen und legten ihn auf eine Bank aus Ziegeln, die mit Leinentüchern bedeckt war.

Das Kind sollte wie sein Großvater Ramses heißen. Der Name bedeutet »Re hat ihn gezeugt«. Der Sonnengott Re, Schöpfer der Welt, sollte den Kleinen beschützen.

Kurz nach der Geburt betrat Tujas Mann Sethos das Zimmer. Er nahm sein Kind auf den Arm und flüsterte: »Mein Sohn, du wirst wie alle Männer aus unserer Familie ein Krieger werden.« Doch darin täuschte er sich.

Re wird als Mann mit Falkenkopf dargestellt. Auf seinem Haupt trägt er die Sonnenscheibe.

Eine Göttin gibt einem jungen Prinzen Milch. Zum Zeichen seines Standes trägt er Krone und Szepter.

Ist Ramses' Vater ein Gott?

Die Geburt eines Pharaos

▶ Tuja, die Mutter von Ramses II.

Als Erwachsener dachte Ramses oft an den Tag seiner Geburt, an seine Mutter Tuja und seinen Vater. Nach ägyptischem Glauben war sein Vater nicht irgendein Mensch, sondern ein Gott. Das konnte man auf den Wänden ägyptischer Tempel nachlesen. Doch wie konnte das sein? Der Sage nach war es so geschehen:

Eines Abends hatte Tuja im Schlafzimmer den scharlachroten Gürtel abgelegt und ihr edles Kleid ausgezogen. Sie legte die goldene Halskette und die Ohrringe in eine Schatulle und nahm die Perücke aus gedrehten Zöpfen ab. Dann ging sie zu Bett. Ihre Kopfstütze war mit dem Gesicht von Bes verziert, dem Gott in Koboldgestalt, der das Haus vor bösen Geistern beschützen sollte. Plötzlich stieg ihr der liebliche Duft von Kyphi in die Nase. Es war ihr, als sei ein Gott in der Nähe, denn Kyphi, eine geheimnisvolle Mischung aus Honig, Wein, Rosinen, Weihrauch, Myrrhe, Sandelholz, Zimt und Kardamom, war der Duft der Götter. Ihr Mann Sethos hatte jedoch das Gemach betreten!

Tuja wusste nicht, dass Re, der Gott mit dem Falkenkopf, die Gestalt ihres Mannes angenommen hatte. Er sah in diesem Moment aus wie Sethos. Sie lächelte ihn an, so wie immer.

Re gefielen Tujas schönes Gesicht, ihr voller Mund und ihre mandelförmigen, schwarz umrandeten Augen. Er war gekommen, einen neuen König zu zeugen – und einen neuen Gott. Also gab

◀ Kopfstütze mit dem Gesicht des Gottes Bes.

er Tuja all seine Liebe. Ihr Mann erschien Tuja in dieser Nacht besonders schön: Seine Haut schimmerte golden, seine Haare glänzten nachtblau, sein Körper duftete göttlich. Bevor Re sie verließ, sagte er: »Der Sohn, den ich mit dir gezeugt habe, soll Ramses heißen. Er wird über das Königreich Ägypten herrschen.«

Re war also zu Tuja gekommen, um einen menschlichen Erben zu zeugen und eine neue Königsdynastie zu begründen. Wie immer überließ er es dem Schöpfergott Chnum, das Kind aus Lehm zu erschaffen: Chnum drehte auf seiner Töpferscheibe den Körper des Kindes und sein Ka, also seine Seele.

Neun Monate später, wohl im Jahr 1298 vor Christus, brachte Tuja ihren Sohn zur Welt. Heket, die Geburtsgöttin in Froschgestalt, überwachte die Geburt, und Hebammengöttinnen standen Tuja zur Seite. Das Neugeborene wurde von göttlichen Ammen umsorgt und mit der Milch göttlicher Kühe ernährt.

◀ Auch dieser Mann mit der hohen Federkrone erhebt in der ägyptischen Mythologie den Anspruch, der Vater von Ramses zu sein. Es ist Amun, der Gott des Windes. Später verschmolz dieser Gott mit Re zu einer Gestalt: Amun-Re.

Ist Ramses' Vater ein Gott?

◄ Chnum mit dem Widderkopf formt auf seiner Töpferscheibe Ramses und dessen Ka. Nur der Ka der Könige wurde im alten Ägypten bildlich dargestellt.

Der kleine Ramses aber hatte zwei Väter: Sethos, seinen irdischen, und Re, seinen göttlichen Vater. Re musterte seinen Sohn wohlwollend, küsste und liebkoste ihn und hieß ihn willkommen.

So geht die Sage. Ramses glaubte wohl an diese Geschichte, jedenfalls erzählte er sie gerne. Und sie nützte ihm, denn Ramses, der ja nicht aus einer alten Königsfamilie kam, hatte auf diese Weise einen Gott zum Vater.

► Tuja sieht zu, wie die Ammen und die göttlichen Kühe den kleinen Ramses und dessen Ka mit Milch versorgen.

▶ Ramses II. sitzt zwischen den Fängen eines großen Falken. Das ist Horus, der Himmelsgott und Beschützer der Kinder.

Die königliche Familie

Das Leben des neugeborenen Ramses war beschaulich und friedlich. Seine Mutter Tuja und seine Amme, eine ägyptische Adlige, waren immer in der Nähe. Außerdem kümmerten sich viele Dienerinnen um ihn. Der kleine Enkel des Wesirs wurde beschützt und verhätschelt.

Wie die meisten Kinder machte er mit gut einem Jahr die ersten Schritte. Er war völlig nackt und sein Kopf war rasiert – das war damals das einzige Mittel gegen Läuse. Um den Hals trug er hübsche Amulette, also Anhänger, die ihn vor Krankheit, Unglück, Schlangen, Skorpionen und dem bösen Blick beschützen sollten.

Die Zeit verging schnell. Seine Mutter und die Amme sangen ihm Lieder vor und erzählten ihm Geschichten. Ramses erkundete Haus und Garten. Er ahmte seine große Schwester nach und stibitzte Datteln, Kuchen und Honig aus der Küche. Im Garten spielte er mit den Gänsen und Wiedehopfen und fütterte die

Ein Wiedehopf mit aufgestellter Federhaube

Die Göttin Isis stillt ihren Sohn Horus.

Enten. Mit seinem Kreisel neckte er die Katzen, die eigentlich Mäuse fangen sollten. Oft spielte er auch mit seinem Hund, seinem langschwänzigen Äffchen und dem Holzkrokodil. Ramses strotzte vor Gesundheit. Um die Kinderkrankheiten kam er freilich nicht herum, doch wurde er immer schnell wieder gesund.

An seinem fünften Geburtstag band sich Ramses zum ersten Mal einen Lendenschurz um, ein Leinentuch, das um die Hüfte getragen wird, denn mit fünf Jahren lief ein Knabe nicht mehr nackt herum! Manchmal setzte er sich zu seinen Eltern auf ein Lederkissen. Er spielte mit der Schmucksträhne an seiner Stirn und beobachtete alles, was sich um ihn herum abspielte.

Als Ramses fünf war, entschied Pharao Horemheb, dass der Enkel seines Wesirs Ramses des Älteren etwas lernen sollte. Der kleine Ramses übte nun jeden Tag Lesen, Schreiben und Rechnen; sein Lehrer brachte ihm viel über die Erde und die Gestirne bei, aber auch über die Götterwelt. Ramses lernte, wie man zu den Göttern betet, sie ehrt und ihnen dient.

So vergingen drei Jahre. Eines Tages merkte der kleine Ramses, dass die Menschen um ihn herum sehr traurig waren. Bald erfuhr er den Grund: Pharao Horemheb war gestorben. Es war das Jahr 1291 vor Christus.

▼ Der Gott Heka, dargestellt in Gestalt eines Kindes, verkörpert die Lebenskraft.

▲ Der König trägt die Doppelkrone. Sie steht für die Einheit von Ober- und Unterägypten.

Ramses' Großvater trat als Ramses I. Horemhebs Nachfolge an.

Vor der Krönung des neuen Pharao fanden im Tempel ausgedehnte religiöse Feierlichkeiten statt. Ramses I. erhielt den königlichen Siegelring, die Krone und das Szepter. Er war nun unglaublich mächtig, Herrscher über das große Reich Ägypten, die Ländereien, die Menschen und die Tiere. Nach der Krönung wurde der neue König mit Festessen und Tänzen gefeiert. So begann das erste Regierungsjahr von Ramses I.

Der kleine Ramses war acht Jahre alt. Ob er wusste, was ihn erwartete? Er kam aus einer Soldatenfamilie und war nun plötzlich ein Prinz.

Im Neuen Reich war es Sitte, dass sich der nächste Pharao um das Begräbnis seines Vorgängers kümmerte. Die Bestattungszeremonie begann im »Haus des Lebens«, einem Bereich des Tempels. Von Priestern, die eigens dafür ausgebildet waren, wurde Horemhebs Körper einbalsamiert, also haltbar gemacht. Einige Wochen später sollte die Mumie in einem prachtvollen Sarkophag zur Grabstätte im Süden des Landes gebracht werden.

Im Königspalast beobachtete der kleine Ramses, wie anders die Menschen nun seinem Großvater begegneten. Sie verbeugten sich so tief, dass die Stirn den Boden berührte. Leider hatte der Pharao nun auch nicht mehr so viel Zeit für seinen Enkel.

Ramses I. wurde fast verehrt wie ein Gott. Er nannte sich »Sohn des Re«, des Sonnengottes, der die Welt erschaffen hatte. Re hielt gemeinsam mit den anderen Göttinnen und Göttern die Welt im Gleichgewicht. Er kümmerte sich darum, dass jeden Tag die Sonne aufging und der Nil einmal im Jahr über die Ufer trat und das Tal mit Wasser versorgte.

▼ Anubis ist der Gott mit dem Schakalkopf. Hier balsamiert er den Leichnam des ermordeten Gottes Osiris ein. Eine Mumifizierung dauerte im alten Äygypten etwa siebzig Tage.

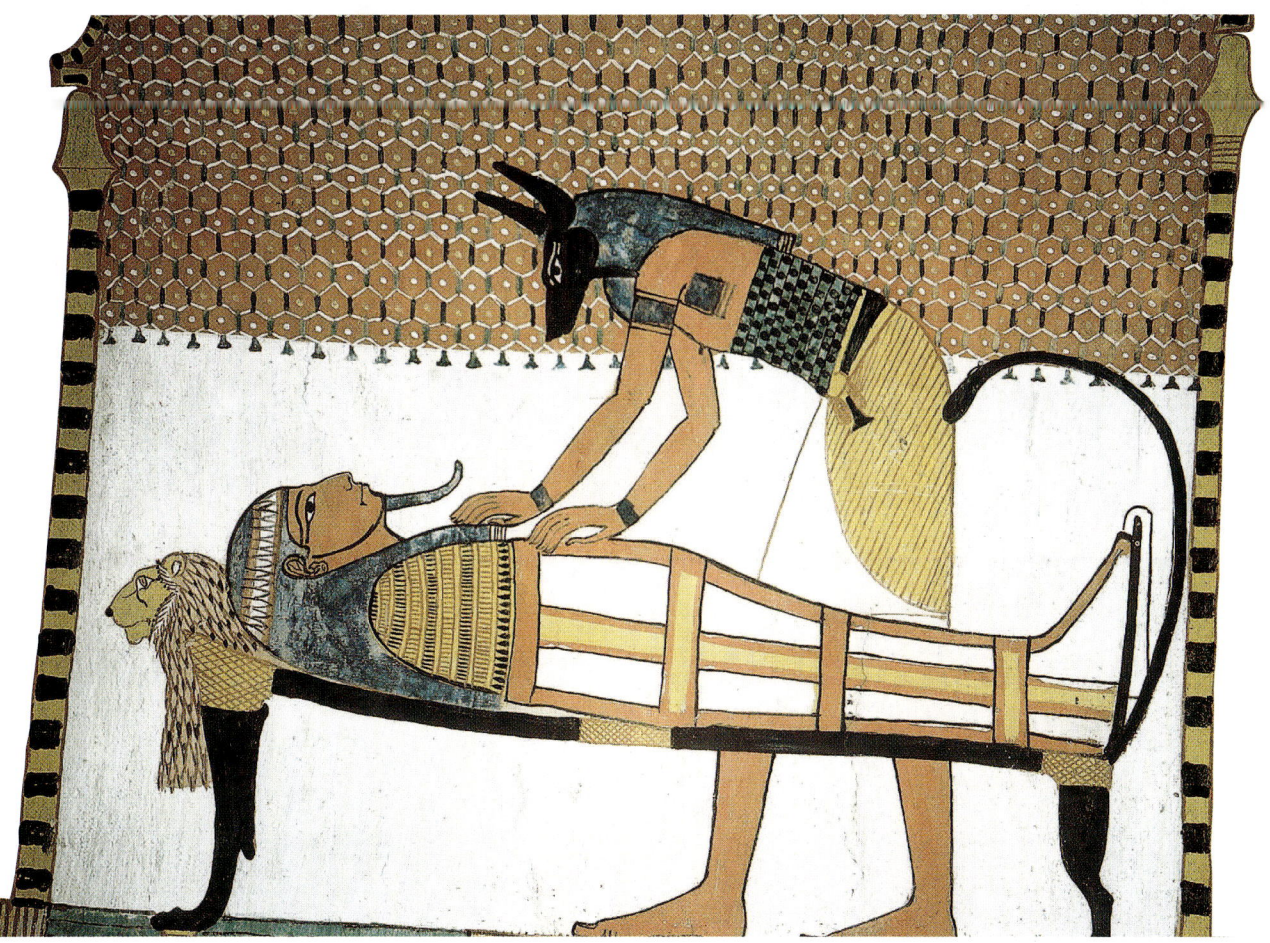

▲ Ein Sarkophag wird mit dem Boot über den Nil ins Tal der Könige gebracht. Ein Baldachin schützt ihn vor der Sonne.

▶ Auf der Stele steht: »König ... User-maat-Re setep-en-Re (ein Vorname von Ramses II.), dem das Leben gegeben wurde ... für immer und ewig.«

Damit das geschah, musste der Pharao den Göttern helfen. Andernfalls, so glaubten die Ägypter, würde das Chaos über sie hereinbrechen, das vor der Erschaffung der Welt geherrscht hatte. Das Land würde sich in ein riesiges eiskaltes Meer verwandeln.

Doch zum Glück war Ramses I. ein erfolgreicher Pharao. Seine Beamten waren ihm treu ergeben. Ägypten ging es gut. Sein Enkel bewunderte ihn.

HOREMHEBS REISE INS JENSEITS

Das Begräbnis des Pharaos

Siebzig Tage waren seit Horemhebs Tod vergangen. Seine Mumie war bereit für ihre letzte Reise. Den Sarkophag brachte man an Bord eines Bootes in eine Kabine, die mit bestickten Stoffen behängt war. Ein Priester saß neben dem Sarg und wiederholte die Worte: »Er ist im Jenseits, in der Welt der Gerechten. Er ist nun ein Gott unter Göttern.« Klageweiber weinten um den toten Pharao.

Eine ganze Flotte von Booten folgte dem toten König. Auch der junge Ramses und viele Adlige begleiteten Horemheb auf seiner Reise ans Westufer des Nils. Dort angekommen, wurde der Sarkophag in den Begräbnistempel gebracht. Nach weiteren religiösen Zeremonien brach die Prozession auf zu Horemhebs Felsengrab im Tal der Könige.

Klageweiber gingen hinter dem Sarkophag her. Die Gesichter waren zum Zeichen der Trauer mit Lehm verschmiert, die Haare struppig. Ihnen folgten die Adligen, die von den Heldentaten des Toten berichteten. Die Priester sprachen heilige Worte. Bewaffnete Soldaten bewachten die Gruppe, denn es wurde ein wahrer Schatz durch die Wüste getragen: Vasen, wertvolle Truhen, Stühle, Betten, Streitwagen, Szepter, Statuen, Sonnenschirme, Schmuck, Fächer, Waffen, Blumen, Speisen, Wein, Bier und vieles mehr bekam der Pharao mit auf seine Reise ins Jenseits.

▲ Die Klageweiber reiben sich Staub und Schmutz ins Haar. Damit zeigen sie ihre Trauer.

Horemhebs Reise ins Jenseits

◀ Die Lebenden bringen dem Toten Blumen, Vögel und andere Geschenke.

Einige Stunden später traten die Priester und Träger mit leeren Händen wieder ins Sonnenlicht. Der Eingang zum Grab wurde zugemauert. Die Trauernden warteten unter Zeltdächern, die eigens aufgebaut worden waren. Sie saßen im Schatten, aßen, tranken und lauschten einem Harfenspieler.

Der alte König Horemheb konnte nun seine lange Reise ins Jenseits antreten. Im Diesseits herrschte derweil sein Nachfolger, Pharao Ramses I., über Ägypten.

Nach einem langen Marsch durch die Hitze kam die Prozession an der riesigen Grabstätte an, die in den Felsen gehauen war. Der Sarkophag wurde abgesetzt.

»Welch Unglück!«, riefen die Klageweiber. »Du hattest so viele Diener, und nun bist du im Land der Einsamkeit! Du liefst so leichtfüßig umher, und nun bist du gefesselt! Du hast so gern getrunken, und nun bist du in einem Land ohne Wasser!«

Ein Priester vollzog mit Worten und Gesten das Ritual der Mundöffnung: »Er wird sehen, sprechen, essen und hören können«, versprach der Priester. »Seine Arme und Beine werden beweglich sein wie zuvor.«

Nun trugen vier Priester den Sarkophag in die Grabkammer hinein. Der Gang war von Fackeln erleuchtet. Die Träger folgten ihnen mit all den Schätzen.

◀ Hathor, die Göttin mit den Kuhhörnern, begrüßt die Toten im Jenseits.

Horemhebs Reise ins Jenseits

▲ Ehe der Sarkophag in die Grabkammer gebracht wird, vollzieht ein Priester im Leopardenfell mit einem speziellen Werkzeug das Ritual der Mundöffnung. Dadurch wird die Mumie wieder »belebt«, um im Totenreich essen und trinken, aber auch sprechen zu können.

▼ Ein Prinz mit geflochtenen Zöpfen hält einen Stier am Schwanz fest.

Die praktische Ausbildung des Prinzen

Ramses war acht Jahre alt, als sein Großvater Pharao wurde. Auf Ramses I. folgte kaum zwei Jahre später schon dessen Sohn Sethos, der Vater des jungen Ramses.

Auch Sethos sorgte dafür, dass sein Sohn, der künftige König, eine gute Ausbildung erhielt. Ein guter Pharao musste nicht nur weise und fromm sein, sondern auch ein erfolgreicher Krieger und Jäger. Er musste Aufstände niederschlagen, Feinde besiegen, wilde Tiere töten und den Frieden bewahren. Seine Aufgabe war es, sämtliche Bedrohungen von Ägypten fernzuhalten. Ein ägyptischer Prinz wurde von Kindheit an auf diese Aufgaben als Krieger und Jäger vorbereitet.

Morgens musste der junge Ramses früh aufstehen. Gemeinsam mit den Söhnen anderer Adliger begann er den Tag mit einem Lauf über einen Iteru (das sind etwa 10,5 Kilometer) durch die Wüste vor der Stadt. Ausdauernd rannten die Jungen barfuß über den

Sand und die spitzen Steine. Frühstück gab es erst, wenn sie ihr Sportprogramm abgeschlossen hatten. Im Palast stärkten sie sich dann mit Honigkuchen, Früchten und Brot.

Manchmal gingen sie gleich danach in die königlichen Stallungen. Die Jungen mochten die Pferde und Streitwagen, die im Kampf so wichtig waren. Ramses schätzte den Rat des erfahrenen Wagenmeisters. Manchmal durfte der Prinz einen der goldenen Streitwagen seines Vaters führen. Sethos brachte ihm bei, wie man den Wagen lenkte und gleichzeitig die Hände für den Kampf frei hatte. Dazu band sich Ramses' Vater die Zügel um die Taille; so konnte er die Waffen in den Händen halten. Der junge Prinz versuchte, alles genauso zu machen wie sein Vater.

An anderen Tagen trainierten Ramses und sein Freund Ameneminet in der Nähe der Stadtmauer das Bogenschießen. Ihr Bogenschützenlehrer nahm Pfeile, Bögen und Zielscheiben für sie mit. Die Zielscheiben waren in zwanzig Ellen Entfernung aufgestellt, das sind ungefähr zehn Meter. Ramses bewunderte seinen Lehrer, der mit dem Bogen so gut umgehen konnte. Das wollte er auch lernen!

In ihrer Freizeit bastelten Ramses und sein Freund oft kleine Boote aus Papyrusblättern, die sie auf dem Fluss schwimmen ließen. Doch zum Unterricht gehörte auch der Umgang mit einem richtigen Schiff. Der Prinz kommandierte eine große Gruppe Ruderer und steuerte das Schiff mit dem schweren Holzruder. Es war mit Augen bemalt, die den Prinzen und sein Schiff beschützen sollten.

▶ Pharao Sethos I.

▼ Drei Hunde greifen eine Hyäne an.

Die Ägypter glaubten, dass diese Augen alles sahen und der Steuermann deshalb Gefahren rechtzeitig erkannte. Ramses wusste, welche Gefahren ihn auf dem Nil erwarteten: Es gab versteckte Sandbänke, auf die das Boot auflaufen konnte, aber auch Krokodile und Nilpferde, die im Schlamm lagen.

Nach dem Training am Vormittag aßen Ramses und seine Freunde zu Mittag. Danach ging es zum Unterricht in die Palastschule.

▶ An den Ufern des Nils fliegen Wildenten über einem Papyrusbusch auf.

PFERDE UND STREITWAGEN

Die Kriegskunst

In den königlichen Stallungen waren die schönsten Pferde Ägyptens und die prächtigsten Streitwagen aus Holz, Leder und Gold untergebracht. Jeder Ägypter hätte gern so einen Streitwagen gehabt. Der einachsige Wagen mit Speichenrädern war aber nicht für die Reise, sondern ausschließlich für den Kampf gemacht.

Pferde und Streitwagen waren 300 Jahre vor Ramses in Ägypten eingeführt worden. Für die Armee waren sie eine wichtige Neuerung. In Ägypten wurden die Pferde nicht geritten. Eine Ausnahme bildeten die Boten, die schnell Nachrichten von einem Ort zum anderen bringen mussten. Doch grundsätzlich fand man, ein edles Pferd solle nichts auf dem Rücken tragen, sondern im Krieg oder auf der Jagd den Wagen ziehen.

Damals wusste Ramses noch nicht, dass ihm seine Pferde wenige Jahre später in einem Kampf vor der syrischen Stadt Kadesch das Leben retten würden. Von diesem Tag an verehrte er die Tiere noch mehr: Er trug einen goldenen Ring, auf dem zwei Pferde abgebildet waren.

▼ Ring Ramses II. mit seinen Lieblingspferden.

▲ Die Streitwagen waren ein wichtiger Bestandteil der starken königlichen Armee.

▶ Hieroglyphen schmücken Papyrusblätter, Vasen, Truhen, Palastwände, Gräber und Tempel. Die Ägypter nannten sie »göttliche Worte«, weil Thot, der Gott der Weisheit, sie der Sage nach erfunden hatte.

Der Schulunterricht

Im Unterricht am Nachmittag trug Ramses die königliche Binde, die mit der Uräusschlange geschmückt war. Schon seit Jahren wurden er und seine Freunde von einem Schreiblehrer, einem Musiklehrer und einem Priester unterrichtet. Schule war jeden Tag, nur an Feiertagen hatten die Kinder frei.

Ramses lernte sehr schnell lesen, schreiben, singen und rechnen, und aus den heiligen Texten seines Volkes erfuhr er alles über die Götterwelt. Zunächst erlernte er die hieratische Schrift: Mit dieser Art Schnellschrift zeichnete man die komplizierten ägyptischen Hieroglyphen nicht genau auf, sondern verwendete nur Teile davon. Erst übte Ramses einzelne Buchstaben, dann Wörter, Sätze und schließlich kurze Texte.

Als Ramses zehn Jahre alt war, lernte er die 700 wichtigsten Hieroglyphen. Die Sinn- und Lautzeichen wurden für offizielle und religiöse Texte verwendet. Nur Priester, Beamte, Schreiber und der König konnten sie lesen.

Bald beherrschte Ramses die hieratische Schrift und die Hieroglyphen. Er schrieb sie, wie es Sitte war, von oben nach unten und links nach rechts. Auch vermied er unschöne Abstände zwischen den Zeichen. Sein Lehrer war sehr zufrieden mit ihm. Ramses schrieb mit schwarzer Tusche, die aus Ruß und Gummi arabicum gemischt wurde. Für Überschriften, Kapitelanfänge und gefährliche Wörter benutzte er rote Ockerfarbe. Geschrie-

Bis heute sind viele wichtige Papyrus-Schriften aus Ägypten erhalten geblieben. Dafür ist vor allem das trockene Wüstenklima verantwortlich. Normale Luftfeuchtigkeit lässt sie nämlich schnell verrotten. Aber auch Schiffe baute man im alten Ägypten aus Papyrus.

Das Lesen fiel Ramses nicht so leicht. Es lag vor allem daran, dass die Ägypter zwischen den Wörtern und Sätzen keine Zwischenräume ließen. Deshalb erkannte man nur

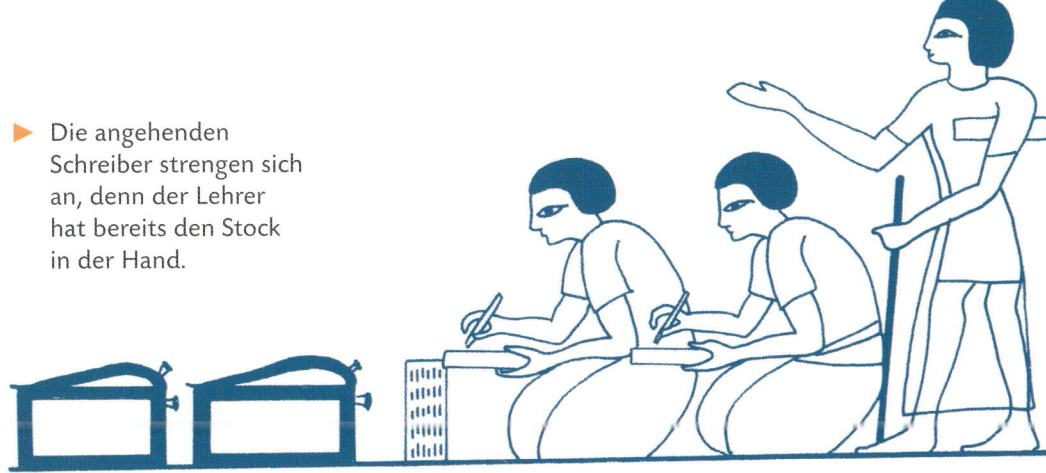

▶ Die angehenden Schreiber strengen sich an, denn der Lehrer hat bereits den Stock in der Hand.

ben wurde mit einer Art Pinsel aus Binsen auf Kalkstein, Ton und Papyrus. Ausgangsstoff für diesen Vorläufer des Papiers war das Mark, das aus den Stängeln der Sumpfpflanze Papyrus gewonnen wurde. Papyrus war aufwendig und teuer herzustellen. Es war zunächst das Privileg des Pharaos, Papyrus zu produzieren. Daher wurde es auch *pa-per-aa*, »Besitz des Pharaos«, genannt. Papyrus war weit verbreitet und eines der wichtigsten Güter der antiken Welt. Auf ihm wurden wichtige Informationen geschrieben und gemalt, vor allem für die Übermittlung von politischen Botschaften.

▶ Auf dieser Tafel ist die hieratische Schrift zu sehen, eine vereinfachte Form der Hieroglyphen.

schwer, wann ein neues Wort begann. Zusammen mit den anderen Schülern las Ramses laut alte Texte, Märchen und Göttergeschichten. Im Rechnen war er flink. Auch konnte er geometrische Figuren zeichnen und die Sterne des Himmels benennen.

Der Schreiblehrer war besonders streng. »Schreibt fehlerfrei, was ich euch diktiere«, ordnete er an. »Ruhe jetzt. Ramses, wenn du dich mit deinen Mitschülern unterhalten willst, statt zu arbeiten, dann bekommst du meinen Stock zu spüren! Seit Jahren muss ich dir das nun schon sagen. Hör auf meine Worte. Ein König muss klug und stark sein. Er muss viel wissen. Merk dir das! Also, ich diktiere …«

▶ Thot hat einen Ibiskopf. Er ist der Gott der Weisheit, der Magie, des Kalenders und der Schreiber.

▶ Schreiber war ein angesehener Beruf. Die Ausbildung dauerte lang und war anspruchsvoll.

Rote Haare sind gefährlich

Ein böses Omen

Sethos hatte den ihm ergebenen Tia zum Privatlehrer des jungen Ramses bestimmt. Er war der Sohn des königlichen Schreibers Amunwahsu. Ramses vertraute seinem Lehrer, beide waren einander eng verbunden. Tia heiratete später Ramses' Schwester, die ebenfalls Tia hieß.

Mit seinem Lehrer besprach Ramses auch viele persönliche Dinge, zum Beispiel, was er von seinen roten Haaren denken sollte. Rot galt im alten Ägypten als eine komplizierte Farbe: Einerseits schätzte man sie als Ausdruck von Lebensenergie und Kraft, andererseits stand sie für die von der Sonne verbrannte Wüste, vergossenes Blut und Feuer. Im Laufe der Zeit wurde sie immer mehr Seth zugeordnet, dem Gott des Bösen, der Wüste, der Stürme und der Vernichtung. Er hatte sogar

▶ Ein junger Prinz oder Gott trug seitlich eine Art Zopf, der anzeigte, dass der Knabe noch nicht erwachsen war.

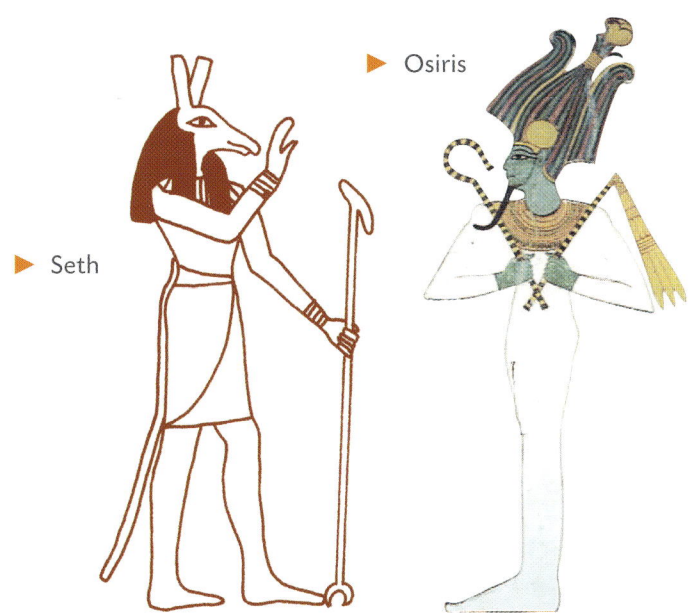

▶ Seth

▶ Osiris

Blut vergossen, indem er seinen Bruder Osiris hinterhältig ermordet hatte. Wie konnte Ramses also von seinen roten Haaren ablenken – und vom Namen seines Vaters, der auf Seth verwies? Als Pharao errichtete Ramses dem Gott Osiris prachtvolle Tempel. Und seine Haarfarbe machte er ohnehin vergessen, weil er, wie es üblich war, in der Öffentlichkeit eine Perücke auf seinem rasierten Kopf trug.

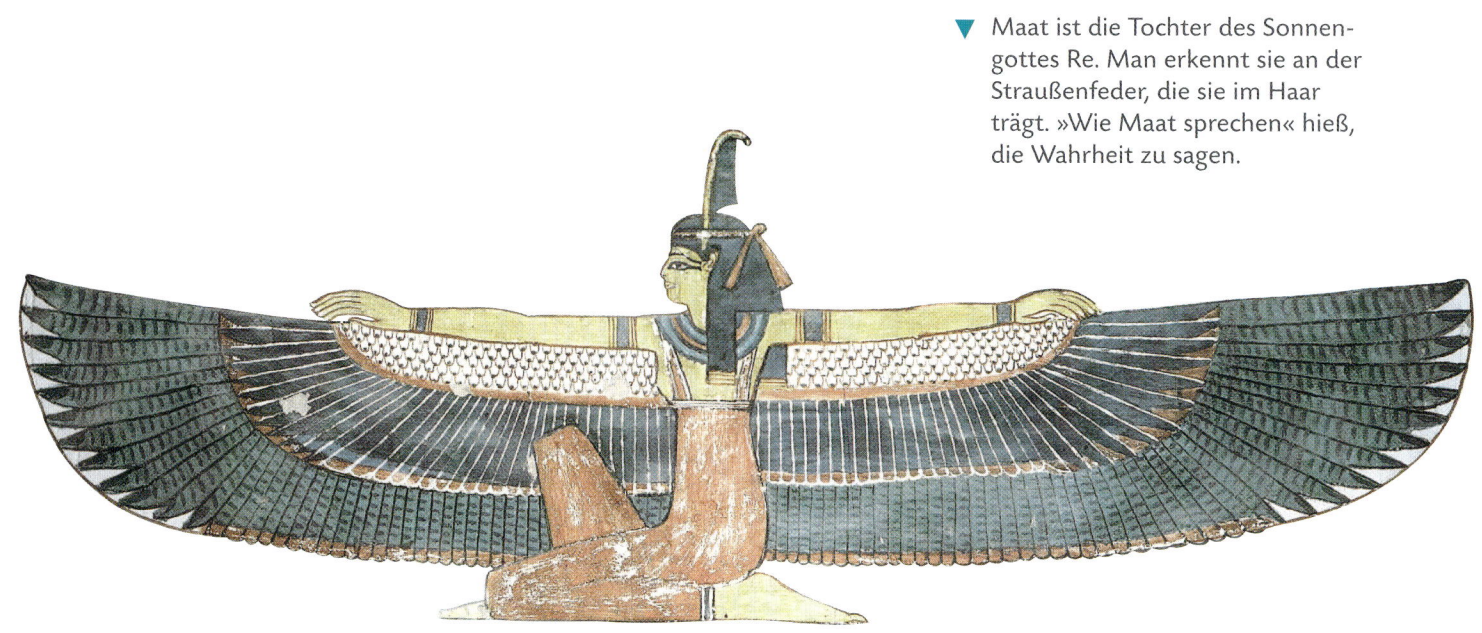

▼ Maat ist die Tochter des Sonnengottes Re. Man erkennt sie an der Straußenfeder, die sie im Haar trägt. »Wie Maat sprechen« hieß, die Wahrheit zu sagen.

Ramses auf Reisen

Mit den Jahren lernte Ramses alles über seine künftigen Aufgaben als König. Ein Pharao musste das Land regieren, die Götter ehren, er durfte jagen und fischen. Oft ging er auch auf Reisen und besuchte die Dörfer und Tempel seines Landes, um über alles gut Bescheid zu wissen: Hielten sich die Schreiber an die Gesetze Maats, der Göttin der Gerechtigkeit und Wahrheit? Waren die Steuern gerecht und die Kornkammern gut gefüllt? Wurden die Viehherden bewacht und die Diebe bestraft? Gingen die Priester ausreichend auf die Bedürfnisse der Götter ein?

Wenn Pharao Sethos auf Reisen ging, nahm er seine Familie und den ganzen Hofstaat mit. Auf prächtigen Schiffen, die ausgestattet waren wie Paläste, fuhren sie den Nil entlang. Heerscharen von Dienern kümmerten sich um das Wohlergehen der königlichen Familie. Ramses spielte und lernte auf dem Schiff. Auf der Fahrt sah er die Bäuerinnen am Flussufer ihre Wäsche waschen und die Bauern auf den Feldern arbeiten.

Eine solche Reise dauerte – mit kurzen Zwischenhalten – zwei oder drei Wochen. Dann ankerten die Schiffe wieder am heimatlichen Ufer. Sethos, Tuja, Ramses, seine Geschwister und die Adligen, die mitgereist waren, kehrten in den Palast zurück. Sie freuten sich darauf, wieder einige Wochen oder Monate zu Hause zu bleiben, denn die Reise war trotz allem Luxus anstrengend.

Der Pharao gönnte sich allerdings nur selten Ruhe. Mal hatte er einen Aufstand zu be-

▼ Die fleißigen Bauern trugen viel zum Reichtum der Pharaonen bei. Einen großen Teil der Ernte mussten sie an den Pharao abgeben. Oft blieb ihnen kaum genug zum Essen übrig.

▲ Mit einer langen Straußenfeder fächert ein Diener dem König Luft zu. Der König sitzt bequem in seiner Sänfte, die von Dienern getragen wird.

kämpfen, mal musste er sich um die Erkundung einer Goldmine kümmern. Er besuchte Steinbrüche, in denen Granit abgebaut wurde, beaufsichtigte die Bauarbeiten an den Tempeln und überwachte die Herstellung und den Transport riesiger Statuen. Deshalb war er sehr viel unterwegs. Wenn sich Sethos im Palast aufhielt, war Ramses oft in seiner Nähe. So konnte er beobachten, wie sein Vater mit seinen Untertanen umging, wie er ihnen zuhörte, nachfragte, urteilte und Entscheidungen traf.

»Hört, was ich befehle«, sprach Sethos. »Vergesst es nicht, denn wer mir nicht gehorcht, über den wird im Wasser das Krokodil und an Land die Schlange herfallen!«

Ramses fand, dass solche Drohungen gar nicht nötig waren. Jeder gehorchte seinem Vater, und alle zitterten, wenn er nur die Stimme erhob.

Am liebsten ging der Prinz mit seinem Vater in den Sümpfen jagen. Dabei wurden die beiden von Soldaten und Dienern begleitet. In einem kleinen Boot aus Papyrus versteckte sich Ramses zwischen den hohen Papyrus-

◀ Die Jagd in den Sümpfen war nur dem König und den Adligen vorbehalten.

stauden. Er beobachtete Flamingos, Reiher, Kraniche und Wildenten. Mit seinem hölzernen Bumerang erlegte er manchmal einen Kiebitz mitten im Flug. Eines Tages wollte Ramses ein Nilpferd oder ein Krokodil jagen, mit der Harpune, wie sein Vater es immer tat.

Am meisten sehnte er sich aber danach, an einem Feldzug der ägyptischen Truppen gegen Aufständische teilzunehmen: Er wollte kämpfen. Doch sein Vater erlaubte es ihm nicht: »Dazu bist du noch viel zu jung!«

▶ Der kindliche Gott Sched besiegt einen Löwen. Sein Name bedeutet »der Retter«.

Ein Fest für den König

Zeitvertreib

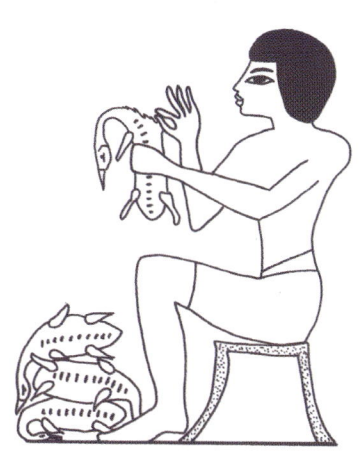

▲ Für ein Festessen wird Geflügel vorbereitet.

In Ägypten gehörte zu jeder Feier ein Festmahl. Schon am frühen Morgen wurden in der Palastküche Gänse und Enten gerupft, Fische ausgenommen und abgeschuppt, Rinder zerlegt, Brot und Kuchen gebacken, Gemüse geputzt, Körbe mit Obst gefüllt und Wein- und Bierkrüge herbeigeschafft. In riesigen Töpfen brodelten duftende Speisen. An niedrigen Tischen wurde geknetet, geschnitten und gehackt. Die Gäste erwartete eine große Auswahl köstlicher Gerichte, scharf gewürzt und süß, roh und gekocht, gebraten und gebacken.

Bei Einbruch der Dunkelheit begann das Fest in Sethos' Palast von Avaris, einer Stadt im Norden des Landes. Die Palastwände waren prachtvoll bemalt, die Böden weiß und blau gefliest. Es gab Stühle aus Edelholz, bunte Kissen und prächtiges Geschirr aus Gold, Silber und Alabaster. Ramses mochte solche Feste. Die Gäste dankten dem Pharao und den Göttern, genossen die Speisen und Getränke und schauten den Tänzerinnen zu, die sich im Takt der Harfen, Flöten und Tamburine bewegten.

▼ Diese adligen Frauen tragen dünne Leinenkleider und prächtigen Goldschmuck.

Ramses, der Kriegerprinz

Jede Einheit der Infanterie bestand aus 200 Männern. Ihr ging ein Träger mit einem geschnitzten Widder- oder Falkenkopf voraus. Die Abbildungen der Götter sollten die Soldaten beschützen.

Als Ramses zehn Jahre alt war, veränderte sich seine Stellung am Hof. Eines Tages war er, wie so häufig, bei der Audienz seines Vaters zugegen und vertrieb sich die Zeit damit, die Säulen und Wandmalereien, den runden Bauch des Wesirs und die eifrigen Schreiber zu beobachten. Da sprach ihn sein Vater auf einmal an: »Mein Sohn, ich habe dir etwas Wichtiges mitzuteilen. Du, der Erbprinz von Ägypten, bist von nun an Oberkommandierender des Heeres.«

Der Wesir, die Schreiber und die Berater verbeugten sich vor dem zehnjährigen Heerführer. Ramses wusste die Ehre, die ihm zuteil wurde, zu schätzen. Noch Jahrzehnte später erinnerte er sich gut an diesen Tag. In den folgenden Monaten wartete der Prinz ungeduldig auf seinen ersten Feldzug. Er war es leid, dem Auszug der Armee vom Palastfenster aus zuzusehen. Es ärgerte ihn, dass sein Vater in Asien kämpfte und ihn in Ägypten zurückließ. Sethos zog immer im Sommer in den Krieg, wenn das Nilwasser große Teile des Landes überflutete.

Zwei Jahre nach seiner Ernennung hatte das lange Warten ein Ende. Endlich durfte er Sethos auf einem Feldzug begleiten. Der Pharao musste gegen libysche Aufständische im Nordwesten des Reichs vorgehen. Für den Prinzen war das die erste große Bewährungsprobe. Zwar verbot ihm sein Vater, an vorderster Front mitzukämpfen, aber das machte Ramses nichts aus – er war glücklich, dabei zu sein. Am Abend nach dem Kampf stand er neben Sethos und blickte stolz über das Schlachtfeld. Die Offiziere gratulierten dem Pharao zum Sieg. Die Standartenträger richteten ihre Fahnen auf, und die Soldaten brachten die Waffen herbei, die sie den Feinden abgenommen hatten. Die Gefangenen wurden gefesselt und gebrandmarkt.

Auf dem Rückweg mussten die besiegten Libyer die Armee begleiten, und zwar mitsamt ihren Frauen, Kindern und dem Vieh. Es waren Zehntausende Menschen und Tiere. Alle waren müde und hungrig.

Als die siegreichen Ägypter mit den Gefangenen und der Beute nach Avaris zurückkehrten, wurden sie ausgiebig gefeiert. Im Palast und in der Stadt wurde gegessen, getrunken, gesungen und getanzt. Ramses war kein bisschen müde und erzählte wieder und wieder vom Sieg gegen die Aufständischen. Zur Feier des Tages hatte er sich reich geschmückt.

◀ Mit gefesselten Händen kniet dieser libysche Gefangene vor dem Pharao.

◀ Gefangene, die an einen Pfahl gefesselt sind

▸ Den gefallenen Soldaten wurde eine Hand abgeschnitten, damit man wusste, wie viele Tote es gab. Hier zählen zwei Schreiber die Hände.

Vor lauter Begeisterung fiel Ramses nicht auf, dass ungefähr zur gleichen Zeit ein ganzes Volk aus Ägypten floh. Es war eines von mehreren Völkern, die im Norden des Landes umherzogen und die sein Vater Sethos mit aller Macht dem Königshaus unterwerfen wollte. Für die Juden aber begann mit dem Auszug aus Ägypten ein neues Kapitel ihrer Geschichte.

▲ Die Königin und der König vor Re mit dem Falkenkopf. In der rechten Hand hat der Pharao das Szepter Heka. Mit der Linken bietet er dem Gott ein Geschenk dar.

Die Armee zieht in die Schlacht

▲ Eine große Armee braucht viel Verpflegung.

Im Krieg

In der ägyptischen Armee wurde viel trainiert: Die Soldaten marschierten kilometerweit, kämpften Mann gegen Mann und übten den Umgang mit Waffen. Vor dem Aufbruch in eine Schlacht befahl der Pharao: »Man hole die Waffen!« Helme, Bögen, Köcher, Pfeile, Kurzschwerter, Lanzen, Keulen und mit Metall beschlagene Lederwesten wurden herbeigebracht. Die Soldaten nahmen einer nach dem anderen ihre Ausrüstung entgegen. Ein Schreiber notierte sich ihre Namen und auch, was genau sie bekamen.

Vor dem Streitwagen des Pharaos gingen die Standartenträger. Dem Pharao folgten die übrigen Streitwagen und die Infanterie mit den Bogenschützen. Den Schluss bildeten die Männer, die für die Verpflegung der Soldaten zuständig waren. Auch Hirten zogen mit ihren Tieren mit, damit es unterwegs genug Fleisch zu essen gab.

▲ Zwei Dolche und eine Axt

Im Kriegsgebiet angekommen, griff die Armee an. Besiegte sie den Feind, so kehrte sie mit Beute und Gefangenen nach Hause zurück. Bei jedem Feldzug fielen aber auch zahlreiche ägyptische Soldaten, die ihre Heimat niemals wiedersahen.

◀ Riesiger Kopf von Ramses II. Der Pharao ließ überlebensgroße Statuen hauen und schmuckvolle Tempel errichten.

Ramses, der Prinzregent

Manchmal nahm Ramses an der »Zeremonie der Botschafter« teil: Die besiegten Völker bezeugten dem Pharao ihren Gehorsam, indem ihre Gesandten ihm Geschenke überbrachten.

Die Botschafter kamen aus allen Himmelsrichtungen und versammelten sich vor der Stadt. Vor dem Tempel von Avaris begann dann die Zeremonie. Die Nubier, die Federschmuck in ihren krausen Haaren trugen, brachten dem König ihre Gaben, desgleichen die dunkelhäutigen Menschen aus Punt, Asiaten mit ihren spitzen Bärten und auch die Libyer. Alle Gesandten hatten ihre Familien dabei.

Sie brachten dem Pharao Kostbarkeiten aus ihrer Heimat dar: Straußenfedern und -eier, Goldringe, Edelsteine, Tierfelle, Elefantenstoßzähne, Duftöle, edle Stoffe und sogar lebende Tiere wie Leoparden, Affen, Giraffen, Antilopen, Bären, Löwen und Stiere.

Die Schreiber des Pharaos notierten, welche und wie viele Geschenke der König erhielt. Sethos belohnte die Besucher mit dem »Atem des Lebens« und machte ihnen kostbare Gegengaben. Außerdem versprach er ihnen, sie bei Gefahr zu beschützen, wenn sie ihm treu dienten. Anschließend kehrten die Botschafter nach Hause zurück.

▼ Ausländische Prinzen erweisen dem Pharao die Ehre. Von rechts nach links sieht man die Anführer der Libyer, Nubier und Syrer.

▼ Aus Nubien treffen Tiere, Schmuck und Felle für den Pharao ein.

vierzehnjährige Ramses nahm am Feldzug seines Vaters teil. Nach einem langen Marsch gen Norden griff die ägyptische Armee an und eroberte Kadesch. Doch die Hethiter gewannen die Stadt zurück. Da sie aber die Ägypter nicht endgültig besiegt hatten, griffen diese ein zweites Mal an. Keine Armee konnte die andere in die Knie zwingen. Einige Tage später unterschrieben die Könige deshalb einen Vertrag, und Kadesch blieb in der Hand der Hethiter. Ramses konnte das nicht verstehen. Er nahm sich fest vor, später zurückzukehren und die Stadt einzunehmen. Er konnte nicht ahnen, dass er als Pharao die Schlacht um Kadesch ebenfalls verlieren und wie sein Vater einen Friedensvertrag unterschreiben würde.

Die neuen Reichtümer wurden in den Tempel gebracht und gut vor Dieben bewacht. Diebe wurden in Ägypten hart bestraft: Man schnitt ihnen die Nase und die Ohren ab und schickte sie zum Arbeiten auf eine Baustelle, in den Bergbau oder in eine Ziegelei.

In Ägypten herrschte Frieden. Doch dann beschloss Sethos, die Stadt Kadesch im Nordosten Ägyptens zurückzuerobern. Einst hatte die Stadt den Pharaonen gehört, doch zu Sethos' Regierungszeit herrschte der König der Hethiter, Muwatalli II., über Kadesch. Der

◀ Ein junger Adliger

Als Ramses 15 Jahre alt wurde, rief sein Vater die wichtigsten Adligen zusammen und regelte seine Nachfolge: »Ich, Sethos, Sohn des Sonnengottes Re, ich, den der Allmächtige groß gemacht hat, ich, dem er das Königreich anvertraut hat, verkünde meinem Volk: Mein Sohn Ramses soll von nun an mitregieren! Er soll über dieses Land mit mir gemeinsam herrschen. Ich ernenne ihn zum Prinzregenten. Kammerherren, setzt ihm die Krone auf!«

Die Krone versetzte alle, die sie erblickten, in Angst und Schrecken und verlieh ihrem Träger Macht. Als Prinzregent an der Seite seines Vaters führte Ramses fortan ein noch angenehmeres Leben: Er bekam einen eigenen Palast in Memphis und zwei Gemahlinnen, Nefertari und Isisnofret, mit denen er schon bald Kinder zeugte.

Als Ramses 17 war, führte er eine Erkundungsreise zu Steinbrüchen im Süden des Landes an. Vier Jahre später nahm er schon seine vier und fünf Jahre alten Söhne auf einen Feldzug nach Nubien mit. Er wollte ihnen wohl schon im frühen Alter zeigen, was ein Krieg bedeutet.

Im Mai 1279 vor Christus starb Sethos I. Die Familie trauerte an seinem Totenbett. Bei Sonnenaufgang trugen ihn die Priester auf einer Bahre aus Ebenholz und Gold in den Tempel, um ihn einzubalsamieren, wie es einem König gebührte. Nach siebzig Tagen wurde Sethos I. im Tal der Könige beigesetzt.

Bald darauf begann die Krönungszeremonie des zukünftigen Pharaos. Während der Tageszeremonie wurde Ramses gesalbt und

◀ Die Herstellung von Ziegeln: Arbeiter stampfen mit den Füßen eine Masse aus Lehm, gehacktem Stroh und Wasser zu einem Brei. Daraus formen sie Ziegel, die in der Sonne trocknen.

▼ Hier werden Sarkophage, Masken, Stühle und Kisten hergestellt. Man gab sie den Toten mit ins Jenseits.

eingekleidet: Er bekam die Szepter Anch und Was, weiße Ledersandalen und den Stab der fremden Länder. Danach wurden ihm nacheinander die weiße Krone des Südens, die rote des Nordens und die Doppelkrone, die die Vereinigung beider Länder symbolisiert, aufgesetzt. Weitere heilige Kopfbedeckungen folgten. Mit der straußenfedernen Chepreschkrone auf dem Kopf vernahm er schließlich seinen aus fünf Namen bestehenden Titel und aß die aus Brot gebackene Hieroglyphe für »Macht«. Während der Nachtzeremonie wurde Ramses auf ein Bett gelegt und betäubt, das sollte seinen Tod symbolisieren. Nach einiger Zeit erweckte der Priester ihn zum Leben und legte ihm die Flügel eines Falken und danach die eines Geiers um die Wangen. Nun bestieg Pharao Ramses II. seinen goldbeschlagenen Wagen und zeigte sich in einem großen Umzug dem jubelnden Volk.

◀ Der Name des Königs wurde in ein Kästchen geschrieben. Links ist Re, rechts Amun zu sehen: seine göttlichen Väter.

NEFERTARI, DIE GELIEBTE KÖNIGIN

Eine ägyptische Großfamilie

▼ Königin Nefertari

Als Ramses Pharao wurde, machte er seine Mutter Tuja zur Mitregentin. Seine beiden Ehefrauen erhielten den Titel »Große Königliche Gemahlin«. Später heiratete Ramses noch weitere Frauen, darunter eine hethitische Prinzessin als Besiegelung seines Friedensabkommens mit den Hethitern. Nefertari und Isisnofret waren seine Hauptfrauen, daneben besaß er Nebenfrauen und natürlich einen Harem.

Ramses' Lieblingsfrau aber war Nefertari. In vielen Schriften spricht der Pharao von der großen Schönheit der Königin und seiner grenzenlosen Liebe zu ihr. Der kleine Tempel von Abu Simbel wurde sogar Nefertari geweiht, dort ist sie in gleicher Größe wie Ramses zu sehen. Auch auf vielen Reliefs wird sie in gleicher Größe wie Ramses dargestellt. Das war im alten Ägypten unüblich, normalerweise bildete man die Frauen der Herrscher kleiner ab. Das zeigt, wie groß ihre Bedeutung im Leben des Pharaos war. Nefertari starb 1255 vor Christus und wurde im Tal der Königinnen beigesetzt. Ihre Grabkammern schmücken prächtige Wandmalereien.

Mit seinen Ehefrauen und Haremsdamen soll Ramses fast hundert Kinder gehabt haben. Der Pharao starb im Jahr 1213 vor Christus im Alter von 85 Jahren. Er hatte Ägypten 66 Jahre regiert. Merenptah, ein Sohn seiner Ehefrau Isisnofret, folgte ihm auf den Thron.

◀ Prinz Chaemwaset, das Kind von Ramses und Isisnofret, war der Liebling des Pharaos.

BILDNACHWEIS

S. 8: Portrait von Ramses, Paris, Musée du Louvre, Foto © RMN – C. Larrieu; S. 9: Junger Prinz auf der Jagd © Yvan Koenig; S. 10: Holzskulptur eines jungen Prinzen © Yvan Koenig, S. 11 (oben): Tuja und ihr Sohn © Yvan Koenig; S. 11 (unten): Lotosblume © Yvan Koenig; S. 12 (oben): Sonnengott Re © Yvan Koenig; S. 12 (unten): Göttin gibt einem Prinzen Milch © Yvan Koenig; S. 13 (oben): Tuja © Yvan Koenig; S. 13 (unten): Kopfstütze, Paris, Musée du Louvre, Foto © RMN; S. 14: Statue Amons © Yvan Koenig; S. 15 (oben): Chnum erschafft Ramses und dessen Ka © Yvan Koenig; S. 15 (unten): Göttliche Kühe versorgen Ramses mit Milch © Yvan Koenig; S. 16: Ramses und Horus © Ägyptisches Museum Kairo, Foto Yvan Koenig; S. 17 (oben): Wiedehopf © Yvan Koenig; S. 17 (links): Isis stillt Horus, Paris, Musée du Louvre, Foto © RMN – G. Poncet; S. 18 (links): Heka, Paris, Foto © Musée du Louvre – G. Poncet; S. 18 (rechts): König mit Doppelkrone © Yvan Koenig; S. 19: Anubis und Osiris © Yvan Koenig; S. 20 (oben): Mumie auf Holzbett, Paris, Musée du Louvre, Foto © RMN – C. Larrieu; S. 20 (unten): Stele, Paris, Musée du Louvre, Foto © RMN – H. Lewandowski; S. 21: Klagefrauen, Paris, Musée du Louvre, Foto © RMN – Chuzeville; S. 22 (oben): Totengeschenke © Yvan Koenig; S. 22 (unten): Hathor © Yvan Koenig; S. 23: Ritual der Mundöffnung, Paris, Musée du Louvre, Foto © RMN – Chuzeville; S. 24: Prinz mit Stierschwanz © Yvan Koenig; S. 25: Sethos I., Paris, Musée du Louvre, Foto © RMN – H. Lewandowski; S. 26 (oben): Kalkscherbe, Paris, Musée du Louvre, Foto © RMN; S. 26 (unten): Vogel © Yvan Koenig; S. 27 (oben): Bogenschütze © Yvan Koenig; S. 27 (Mitte): Ring mit Pferden, Paris, Musée du Louvre, Foto © RMN; S. 27 (unten): Streitwagen © Yvan Koenig; S. 28: Hieroglyphen © Yvan Koenig; S. 29 (oben): Schreibtafel, Paris, Foto © Musée du Louvre – M. und P. Chuzeville; S. 29 (Mitte): Junge Schreiber © Yvan Koenig; S. 30 (oben rechts): Thot © Yvan Koenig; S. 30 (unten): Junge Schreiber © Yvan Koenig; S. 31 (rechts): Junger Prinz mit Schmucksträhne © Yvan Koenig; S. 31 (unten links): Sethos © Yvan Koenig; S. 31 (unten rechts): Osiris © Yvan Koenig; S. 32 (oben): Maat © Yvan Koenig; S. 32/33: Bauern © Yvan Koenig; S. 33 (oben): Pharao in einer Sänfte © Yvan Koenig; S. 34 (oben): Jagdszene © Yvan Koenig; S. 34 (unten): Stele des Gottes Sched, Paris, Musée du Louvre, Foto © RMN – H. Lewandowski; S. 35 (oben): Vorbereitung des Festmahls © Yvan Koenig; S. 35 (unten): Adelige Damen © Yvan Koenig; S. 36: Insignienträger der Kompanie, Paris, Musée du Louvre, Foto © RMN – H. Lewandowski; S. 37 (oben): Libyscher Gefangener, Paris, Musée du Louvre, Foto © RMN – J. G. Berizzi; S. 37 (unten): Gefangene © Yvan Koenig; S. 38 (oben): Schreiber zählen die Hände der Gefallenen © Yvan Koenig; S. 38 (unten): Der Gott Re-Harachte © Yvan Koenig; S. 39 (oben): Verpflegungstross © Yvan Koenig; S. 39 (unten): Dolche und Axt © Yvan Koenig; S. 40: Ramses II. © Yvan Koenig; S. 41: Ehrerbietung für den Pharao, Paris, Musée du Louvre, Foto © RMN – B. Hatala; s. 42: Geschenke für den Pharao © Yvan Koenig; S. 42/43: Ziegelmacher © Yvan Koenig; S. 43: Junger Adliger © Yvan Koenig; S. 44 (oben): Sarkophag: Ägyptisches Museum Kairo, Foto © Yvan Koenig; S. 44 (unten): Kästchen © Yvan Koenig; S. 45 (oben): Königin Nefertari, © Luxor-Museum Ägypten; S. 45 (unten): Prinz Chaemwaset, Paris, Foto © Musée du Louvre – G. Poncet.

Bibliografische Information Der Deutschen Nationalbibliothek
Die Deutsche Nationalbibliothek verzeichnet diese Publikation in der Deutschen Nationalbibliografie;
detaillierte bibliografische Daten sind im Internet unter http://dnb.d-nb.de abrufbar.

Titel der Originalausgabe: *Ramses II, futur pharaon*
Erschienen bei Éditions de La Martinière SA, Paris 2001
Copyright © 2001 Éditions de La Martinière SA, Paris, Frankreich

Deutsche Erstausgabe
Copyright © 2009 von dem Knesebeck GmbH & Co. Verlag KG, München
Ein Unternehmen der La Martinière Groupe

Gestaltung: Isabelle Southgate und Fabian Arnet
Umschlaggestaltung: Gudrun Bürgin
Satz: satz & repro Grieb, München
Druck: Proost, Turnhout
Printed in Belgium

ISBN 978-3-86873-004-3

Alle Rechte, insbesondere das Recht der Vervielfältigung und Verbreitung, vorbehalten.
Kein Teil des Werkes darf in irgendeiner Form (durch Fotokopie, Mikrofilm oder ein anderes Verfahren)
ohne schriftliche Genehmigung des Verlages reproduziert oder unter Verwendung elektronischer
Systeme verarbeitet, vervielfältigt oder verbreitet werden.

www.knesebeck-verlag.de